Pizza

de **Dana Meachen Rau**

Asesora de lectura: Nanci R. Vargus, Dra. en Ed.

Marshall Cavendish
Benchmark
Nueva York

Palabras ilustradas

 cebollas

 champiñones

 pimientos

 pizza

 queso

 tomates

La puede ser redonda.

La puede ser cuadrada.

¡La ⬤ tiene ⬤ y masa horneada!

La puede tener .

La no es de salchichón solamente.

La puede tener .

¡La puede estar caliente!

La 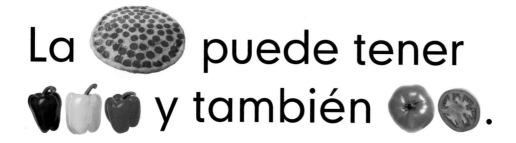 puede tener y también .

Una porción de
para mí.

Una porción de
para ti.

Palabras para aprender

cebolla vegetal que tiene gusto y olor fuertes

champiñón tipo de planta que crece en la tierra

masa parte de pan de la pizza

pimiento vegetal dulce o picante con muchas semillas

Datos biográficos de la autora

Dana Meachen Rau es escritora, editora e ilustradora. Graduada del Trinity College en Hartford, Connecticut, ha escrito más de doscientos libros para niños, incluyendo libros de no ficción, biografías, libros de lectura inicial y ficción histórica. Le gusta comer pizza con su familia en Burlington, Connecticut.

Datos biográficos de la asesora de lectura

Nanci R. Vargus, doctora en Educación, quiere que todos los niños disfruten de la lectura. Fue maestra de primer grado. Ahora trabaja en la Universidad de Indianápolis. Nanci ayuda a los jóvenes a que lleguen a ser maestros. Lleva la pizza para la reunión anual de su familia, en California.

Marshall Cavendish Benchmark
99 White Plains Road
Tarrytown, NY 10591
www.marshallcavendish.us

Library of Congress Cataloging-in-Publication Data

Rau, Dana Meachen, 1971–
[Pizza. Spanish]
Pizza / de Dana Meachen Rau.
p. cm. – (Rebus. ¿Qué preparamos hoy?)
ISBN 978-0-7614-3437-5 (Spanish edition) – ISBN 978-0-7614-2891-6 (English edition)
1. Pizza–Juvenile literature. I. Title.
TX770.P58R3918 2008
641.8'248–dc22
2008017630

Editor: Christine Florie
Publisher: Michelle Bisson
Art Director: Anahid Hamparian
Series Designer: Virginia Pope

Traducción y composición gráfica en español de Victory Productions, Inc.
www.victoryprd.com

Photo research by Connie Gardner

Rebus images provided courtesy of *Dorling Kindersley*.

Cover photo by age *fotostock/SuperStock*

The photographs in this book are used with permission and through the courtesy of:
PhotoEdit: pp. 5, 13, 15 David Young Wolff; *The Image Works:* p. 7 Francis Dean/Dean Pictures;
Corbis: p. 9 Nancy Ney; p. 11 J. Hall photocuisine; p. 19 Phil C. Chauncey; *Alamy:* p. 17 food folio;
Jupiter Images: p. 21 Burke/Triolo Productions.

Impreso en Malasia
1 3 5 6 4 2